दिन ये तेरा

नितिन सिंह

Copyright © Nitin Singh
All Rights Reserved.

This book has been self-published with all reasonable efforts taken to make the material error-free by the author. No part of this book shall be used, reproduced in any manner whatsoever without written permission from the author, except in the case of brief quotations embodied in critical articles and reviews.

The Author of this book is solely responsible and liable for its content including but not limited to the views, representations, descriptions, statements, information, opinions and references ["Content"]. The Content of this book shall not constitute or be construed or deemed to reflect the opinion or expression of the Publisher or Editor. Neither the Publisher nor Editor endorse or approve the Content of this book or guarantee the reliability, accuracy or completeness of the Content published herein and do not make any representations or warranties of any kind, express or implied, including but not limited to the implied warranties of merchantability, fitness for a particular purpose. The Publisher and Editor shall not be liable whatsoever for any errors, omissions, whether such errors or omissions result from negligence, accident, or any other cause or claims for loss or damages of any kind, including without limitation, indirect or consequential loss or damage arising out of use, inability to use, or about the reliability, accuracy or sufficiency of the information contained in this book.

Made with ♥ on the Notion Press Platform
www.notionpress.com

क्रम-सूची

1. दिन ये तेरा

दिन कोई खराब नहीं होता
हम खुद उसे बनाते है
कल की हुए गलती से हम
आज भी डर जाते है

सोचा था कुछ बड़ा करुँगा
जब मै बड़ा हो जाऊगा
जब बड़ा हुआ तो समझ आया
दुनिया ने मुझसे करवाया

खुद के दिन के तलाश में
आज भी हम खो जाते है
दिन कोई खराब नहीं होता
हम खुद उसे बनाते है

हर रोज सपने आँखों में लिए
दिन की शुरुआत कर जाते हैं
पुरे होने के उम्मीद में
सपनो के साथ सो जाते हैं

चल रहे है हम उस राह पे
जहाँ न अपना न कोई पराया है
बस कुछ पाने के आस में
अपनो का सुख गवाया है

दिन तुम्हारी ढल जायेगी
सांस भी एक दिन रुक जाएगी
कर्मो से जो तुमने कमाया
बस वही इस जग में रह जाएगी

अपने कर्मो से अपना दिन
हम खुद से लिख जाते है
दिन कोई खराब नहीं होता
हम खुद उसे बनाते है

2. प्रेम धागा

प्रेम से जुड़े है सब
प्रेम में डूबे है सब
प्रेम के कच्चे धागो में
प्रेम से बंधे है सब

खुद से बड़ा न प्रेम कोई
प्रेम से बड़ा न काम
काम से बड़ा न तप कोई
तप है जीवन का नाम

प्रेम हो माँ बाप से
या प्रेम हो किसी अनजान से
प्रेम तो अनंत है
श्रीकृष्ण जी के नाम से

प्रेम के परिभाषा को तो
हमने गलत बनाया है
प्रेम ही ऐसा धागा है
जो संसार जोड़ ले आया है

जीवन के अंधी चल में
प्रेम के प्यासे हैं सब
प्रेम के कच्चे धागो में
प्रेम से बंधे हैं सब

उस बच्चे को क्या पता
जो अभी अभी ही जन्म लिया है
पिता कौन है माता कौन है
ये सब प्रेम ने सिखा दिया है

उसके जीवन के शुरुआत में
सब लगते उसे अपने थे
उस बच्चे को क्या पता
कितनो के प्रेम सच्चे थे

जब होश संभाली खुद की
तो लोगो का प्रेम समज आया
की कुछ तो लोग सच्चे थे
और कुछ तो स्वार्थ के पके थे

जीवन में जब आगे बढ़ा
तो जिम्मेदारी समझ आई
प्रेम से बंधा था जिसने
वो सारे धागे कच्चे थे

जीवन जब ख़तम होने आया
तब प्रेम का मतलब समझ आया
वो दिन ही सबसे अच्छे थे
जब हम प्रेम के बच्चे थे

3. वक़्त की बात

वक़्त यूँ ही गुजर जायेगा
जीवन एक दिन ढल जायेगा
काम सब का चल जायेगा
तुम नहीं तो कोई और कर जायगा

कर्म अपना करना होगा
खुद को साबित करना होगा
मिल जायेगी वो चाहत एक दिन
बास तुम्हे खुद से लड़ना होगा

मिला है मउका कुछ करने का
अपने जीवन को पाने का
कर पाए तो तुम सफल
तुम नहीं तो कोई और करे जायेगा

दिन के २४ घंटे
सब के एक समान है
कर्म कर्म की बात ही
पर सब के अलग परिणाम है

किया था कष्ट कुछ जीवन में
अच्छे मुकाम पाने को
रास्ता सही चुना होगा तो
मुकाम भी तरसेगी मिल जाने को

चला है राही मंजिल ढूंढने
लेकर कितने अरमानों को
भटके ना अपनी राहो से
तो छू लेगा आसमानो को

वक्त भी तेरा साथ देगा
निरंतर प्रयास करना होगा
मिल जायेगी वो चाहत एक दिन
बास तुम्हे खुद से लडना होगा

4. पिता

ये नाम है उस सिंहासन का
जिसपे बैठा हर आदमी है
कोई एक का तो कोई दो का
अपने संतान की निसानी है

जन्म हुआ जिस गोद में
उन्हें पुकारा पापा था
खत्म हुआ जिस हाथ से
उसने पूरक पापा था

तरसते है कई पिता प्रेम को
की साथ बैठ के बात करे
वो समझते है सारी बातो को
पर दुनिया का खयाल करे

तुम्हें खयाल होगा कल का
वो ज़िन्दगी तुम्हारी लिख जाते है
पिता का सुख क्या होता है
कुछ लोग ही समझ पते है

उनके लिए क्या लिखु
जिसने हमे बनाया है
माँ बाप ही एसा शब्द है
जो हर दर्द में याद आया है

क्या समझा मै क्या आप समझे
ये सब उसकी माया है
गहराई है जो पिता प्रेम में
आज भी कोई नाप ना पाया है

5. रास्ता

ज़िन्दगी के रास्ते में
चुनौतियां अनेक है
मिली है सिर्फ उन्हें ही मांजी
जिनकी सोच नेक है

सोच कर चुना था रास्ता
की खूब पैसे कमाए गे
जब दिन आये जाने के तो
साथ क्या लेके जाये गे

चुन लेते वो रस्ते जिसमे
नाम तुम्हे कमाना था
तो जाने के दिन आने पर
साथ कडा तुम्हारे जमाना था

गलती की थी चुनाव में
की किस रास्ते तुम्हें जाना था
तुम अकेले खुश होंगे उस रास्ते में
जहा अपनों को भूल जाना था

माँ बाप का जो प्यार है
वो तुम्हें बचाए रखा है
गलत चुने रास्तो पे भी
तुम्हे टिकाये रखा है

तुम मदहोस होंगे अपनी दुनिया में
उन्हें तेरी हर गलती काबुल है
कदर न होगी तुम्हे उनकी
पर उनकी हर दुआ काबुल है

क्या बताओ गे उन्हें
जो तुमसे बन के अये है
तुम बच्चे हो किसी के
तुम्हारे बच्चे भी तो अये है

छोड़ दो उन रास्तों को
जिसने तुमको तुमसे छीना है
तुम्हारे लिए वो जी लिए
अब तुम्हे किसी के जीना है

6. भक्ति

साथी की भी भक्ति है
शत्रु की भी भक्ति है
लोगो ने हमे बतलाया की
हर शक्ति में ही भक्ति है

दुविधा में पड़ा है वो
जिसके लिए भक्ति है
किसे बचाये किसे ना
सब की साँस अटकी है

तभी दूर से आवाज आई
कर्म से ही शक्ति है
देखो अपने कर्मों को
किसकी कार्य सस्ती है

एक ने जीवन लिया किसी का
एक ने जीवन दान दिया
भक्ति तो दोनों में थी पर
कर्मों का अंजाम लिया

जिस ईश्वर को तुमने माना
वही प्रिये मेरे ईश्वर है
जिस जन को तुमने मारा
वही प्रिये मेरे जन है

थी बहुत अलग हमारे कर्म
पर भक्ति थी एक शक्ति में
वो तेरा भी वो मेरा भी
शक्ति का ना होता है धर्म

भक्ति भी तभी सफल है
जब मन खुश वो उस शक्ति का
वो शक्ति भी तभी अटल है
जब मन खुश हो उस भक्ति का

7. तस्वीर

किसी कहानी को किसी ने
तस्वीर से बताई है
उस तस्वीर को देख कर
अपनी कहानी सब ने बनाई है

लिया था तस्वीर ये सोच कर
की याद करूगा मैं इसे देख कर
जब देखा तो समझ आया
साथ थे बस तस्वीर सोच कर

एक पल था वो तस्वीर का
जब एक साथ सब लोग कड़े थे
रुका जब पल तस्वीर का
वही लोग आपस में लड़े थे

संभाला था कुछ रिश्ते को
अपने दिल की तकदीर सोच कर
वक्त ने फिर सामझाया मुझको
साथ थे बस तस्वीर सोच कर

दुनिया प्यारी तस्वीर में
लोगों के रिश्ते भी बने थे
चला ना रिश्ता वो कभी
जो तस्वीर के आधार जुड़े थे

संभाल लो उन यादों को
अपने कर्मों के पन्नों में
भरोसा क्या तस्वीर में
कब बदल दे नेक इरादो को

संसार रूप बदलेगा अपना
तस्वीर तो स्थाई है
कल जो था तुम्हारा अपना
आज उसे से जुदाई है

क्यों रुका है तू उस तस्वीर पर
जीवन में बहुत चदाई है
बास चलता जा अपनी राह पर
अब तेरी बारी आय है

www.ingramcontent.com/pod-product-compliance
Lightning Source LLC
Chambersburg PA
CBHW022045150726

47990CB00004B/1634